**AURA**
colección

*Cantos del abandono*

# *Cantos del abandono*

## Beatriz García Fernández

Prólogo de Miguel Ángel Curiel

eolas
poesía

«Oigo en lo quieto la noche/Me pierdo en los pliegues de la luz/La niebla te borra». He mezclado algunos de los versos de este *Cantos del abandono* de la poeta leonesa Beatriz García, he resurgido a través de ellos. Imágenes poderosas, pero sobrias. Este libro es un augurio, un amanecer en los sentidos para el mundo y a través del mundo. Quien canta y habla del mundo deja a la vez que el mundo hable y cante a través de su libro. El libro ventana-puerta, el libro donde las imágenes son de fuego. Beatriz García lo ha escrito por necesidad, por el impulso imaginativo de una necesidad de reordenar el mundo. Su mundo es el mundo desde una realidad que se resquebraja, ella ha reordenado esa realidad, ese mundo sensible a través de un ejercicio de belleza radical. Un libro lleno de verdad poética y de hallazgos repentinos. Allí donde ningún poeta logra bucear en la realidad con el lenguaje, ella bucea abriendo los ojos y lanzándonos en sus imágenes poéticas bolas de fuego y meteoritos de una gran calidad poética. Va hacia la hostia del sol, llena de piedras su yo, y cose el cielo. A veces en *Cantos del abandono* te llega el frío de la muerte y otras el calor de la vida. Algunas veces el silencio está vivo, otras muerto. Es la exigencia del mundo, nuestra propia exigencia. No desmantelamos más que lo uniforme. «Allí arriba nace un río oscuro», escribe Beatriz García. El río místico de nuestro desobedecer a la realidad como poetas: «Avanzas hacia un inédito extrarradio/Y tus sombras se desvanecen entre las nubes» es la exigencia por el silencio extremo, y la asunción de la tristeza como emancipación de la realidad. El dolor quedó atrás, ahora solo queda el testimonio de la contemplación. Una poesía de la cura, de la mediación entre la palabra y el espíritu del mundo. Los poemas de Beatriz García aparecen como velos de incertidumbre. Poemas velados por el desvelo, ocupando el lugar central de la existencia. Poesía de la visión, visual y contemplativa. La quietud de las imágenes, los espacios, siempre atravesados por una melancolía feliz, o una tristeza fallida, en cuanto se refleja en la propia alegría de la escritura. Sus poemas reclaman un silencio mayor, se abren como flores en la noche por eso mismo. Reclaman para sí esa luz que se pierde al final del día. Tú, posible lector de estos *Cantos del abandono*, sentirás un sol de invierno quieto hacia donde va el aire; en el agua la noche, éramos, no somos. En este libro se es. Las cosas en estos *Cantos del abandono* son sencillas, el lenguaje se aparea, nos aparta el aire la cortina de miedo, llevamos bolsas, siempre, y se llenan, soy absurdo, lo es el cielo y el mar, al llenarlas de agua un agujero basta, me dura la luz, ¿oyes salir la hierba?, no se la oye, ni el cielo o la luz. Escucha hablar a las piedras, unas con otras, enseguida se callan, no les pintes bocas. ¿Hay mejor manera de decirlo? Estos versos poderosos abren el libro al mundo, el libro que para hablar del mundo se ha nutrido con la voz gnóstica del mundo: retroalimentación poética. Diálogo de imágenes que estallan en los ojos frágiles de Beatriz García. ¿Qué es la poesía?, se preguntó en alguna ocasión Jacques Derrida, y la respuesta, o las respuestas, si las hay, no son más que de nuevo un poema, el eco de un poema muy largo: una respuesta en espiral que nos lleva al principio. Esto es a mi juicio *Cantos del abandono*, una respuesta en espiral que nos lleva del mundo hacia el mundo, un viaje poético desde los orígenes al origen. Se ve dictado, lo respondido, por ser poético. Y por eso tiene que dirigirse a alguien, singularmente a ti, pero como al ser perdido en el anonimato, entre ciudad y naturaleza, un secreto compartido, a la vez público y privado, absolutamente lo uno y lo otro, absuelto desde adentro y desde afuera, ni lo uno ni lo otro, el animal arrojado a la ruta, absoluto, solitario, enrollado en una bola próximo a sí. Por esto mismo, justamente, puede hacerse pisar, el erizo, istrice. En la entrada del sol, brota la linfa urbana, frente al confín serrado, del anillo de hielo de la muerte. Nada deja la poeta sin tocar, nada se aparta de su mirada a la hora y en el momento de reescribir el mundo original que entra en juego con la propia existencia. Hay que celebrar libros así, el libro sin límites precisos, el libro que se engendra en la verdad poética de la mirada aún inocente de esta mujer que se atreve a poner en orden el desorden a la vez que aspira a desordenar todo orden. Su poética y su poesía es eso. La alucinación constante de quien es capaz de ver por detrás y por delante. Su poesía es poderosa, su voz latente. Como sostiene Derrida: «Fábula que podrías contar como el don del poema, es una historia emblemática: alguien *te* escribe, a ti, de ti, sobre ti. No, una marca dirigida a ti, dejada, confiada, viene acompañada por una conminación, en verdad se instituye en ese orden mismo que, a su vez, te constituye, asignando tu origen o dándote lugar; destrúyeme, o más bien, vuelve invisible mi soporte al afuera, en el mundo». O como sostiene Marguerite Duras en una reflexión sobre el hecho de escribir: «He conservado esa soledad de los primeros libros. La he llevado conmigo. Siempre he llevado mi escritura conmigo donde quiera que haya ido». En este libro lo encuentro: la cuña fuerza lo que abrimos, el poema que solo se comporta como la cuña abriendo el cielo. Otra fuerza. ¿La fuerza del lenguaje abriéndose con la ayuda de la «Cuña»?

MIGUEL ÁNGEL CURIEL

*A Paco, Javi y Álvaro*
*A mi hermana, María Jesús*
*A mi madre, Sabina,* in memoriam

*Cubres con un canto la hendidura.*
*Creces en la oscuridad como una ahogada.*
*Oh cubre con más cantos la fisura, la*
*hendidura, la desgarradura.*

Alejandra Pizarnik

*Sobre todo este duelo*
*tuyo: ningún*
*otro cielo.*

Paul Celan

*En esa amatista están puestas*
*las eras de la noche*
*y una temprana inteligencia de luz*
*enciende la melancolía*
*era líquida aún*
*y lloraba.*

*Todavía brilla tu morir*
*violeta dura.*

Nelly Sachs

OIGO
en lo quieto de la noche
los ángulos de las sombras
sus distancias
el descenso de cuchillos
sobre la nieve
las curvas heridas
del frío.

Percibo
el resplandor
de ese territorio níveo
me pierdo en los pliegues de la luz.


En la calma gélida
de ese bosque
crepitan
pasos en la oscuridad
y los mirlos
murmuran
contra el silencio blanco.

Al fin
la nieve cae
con sabor a mundo.

La niebla te borra
eres aún de ceniza
pero continúas derribando al viento.

Allí arriba
nace un río oscuro
como hilo de agua dura
y la voz
tal vez el canto
la señal última de tu nombre.

Una mujer pasea por la playa
arrastra circular su sombra
a sus pies las olas se enredan
y la espuma de tiempo
en sus manos se desvanece.

El futuro es una gaviota gris
y un ahogado lamentándose de frío
se esconde.

En otros lugares el paisaje es más sencillo.

RECOGERÁS con tu mano la piedra
tocarás su rudeza
su desnudez que entre tus dedos gravita
te dirá lo que no quieres escuchar.

Dile que hoy has venido
a buscar en sus grietas
háblale como a un dios y responde
con un solo canto
el que esconde
el dolor de tu sonrisa.

NADA asoma
en el hueco transparente
del silencio.

Nadie grita.

No se nombra
el vacío profundo de la ausencia.

Noche.
Ciudad
: 

escaparate del vacío
que se diluye sobre las aceras.
Voces en fuga.
Nadie.

En este aire sin palabras
las piedras construyen su propio grito
en esta tierra abierta a pedazos
mi voz camina hacia ti.

Nubes a la deriva
invaden un ciego mar
que avanza hacia las entrañas de la tierra
en un espacio sin memoria
bajo un cielo sin orillas.

INTENTAS
alcanzar un lugar en otro espacio
sientes que tus pies trasvuelan
cada vez más alto
cada vez más lejos.

Avanzas
hacia un inédito extrarradio
desafiando escenas de un destejido pasado
tatuado de grises recuerdos
mientras nada es nada
aún.

Subes
cada peldaño
huella tras huella
estrenas antiguas grietas
nuevos silencios
y tu sombra
se disuelve entre las nubes.

Existen en la memoria —pero ya no hay memoria—

escaleras de música apenas oída
donde una libertad escapada
te acecha
en los huecos del aire.

CUANDO acabe la canción
y volvamos
al silencio de las palabras
y florezca
una nota en el vacío
acaso encuentres una luz sin noche
y tras su huella
la sombra
tenaz
mente.

Sin previo aviso
se desbordan
acuden a los ojos
nublan la vista
bañan el semblante
se deslizan por la garganta
corren entre la ropa y la piel
inundan la extensión de la noche.
sin llegar a abarcarlas las sostienes
y suavemente te apoyas en ellas sin llorarlas.

En los mapas confusos del firmamento
no existen horizontes
solo una tierra sin retorno
un lejano universo
que sueña en las raíces
del verso que se nombra.

RUMORES silenciosos huyen
al borde del alba
en esta ciudad
donde se abandonan las palabras
que dibujan la cima de la noche
donde son pájaros todas las hojas
 y crean la mañana que borra las estrellas
como temblor de una música que abriga.

Sonidos incompletos
partituras mojadas
que el viento mece en la lluvia
la nota infinita
que nadie puede cantar.

Invisibles los pájaros
interpretan la mañana
por el olor de su canto
se intuye el paisaje
que irrumpe
en la tierra oscura.

Todavía la muerte celebra la vida.

SINFONÍA líquida
de la noche
gota sincopada
preludio
de la niebla
estela de una canción.

SÍLABAS ausentes fluyen
por los pliegues del aire.

Fluyen por la lluvia fina
siluetas de inacabadas palabras.

Por los círculos del agua
fluyen las órbitas de los recuerdos.

LANGUIDECE la luz.
Como algo desconocido y en suspenso
se escucha el vacío de las horas perfectas
hay una quietud que se extiende
como una revelación
y palabras
que se deslizan lentamente
entre el rumor
de las espigas.

SOLO de noche
algunas veces
un paisaje incierto
nos invoca
nos despoja de esa pena celeste
nos distrae del frío
hasta alcanzar esa melodía
que susurra
en las hojas calladas del hayedo.

Como sueño
que entre la bruma flota
emerges sublime
en la memoria que regresa.

En las tardes de invierno
creo escuchar el rumor de su canto —el pájaro calla—
enseguida se precipita la niebla —lo vacía todo—
la soledad nos rodea
somos invisibles.

La tarde.
La lluvia.
Su repetición
incesante monótona
te condena a la quietud.
Tu cuerpo se estira
como un largo bostezo.
La tierra
huele intensamente a tiempo.
Años días atrapados
en el mismo cajón de la memoria
te devuelven sombras disueltas
huellas vacías.

Declina la luz.
Late
en tu mano un pájaro.

DESPUÉS de transitar las mismas calles
contar los mismos pasos
dime con qué
imagen ahora
sobrevivir a lo vivido
en el espejo tu rostro se desvanece
como el grito en la garganta
hay una quietud metálica en el aire
memoria de un eco que implora
sin responder a nada.

NADIE te pide permiso para nacer
y naces.
Ninguna luz deslumbra ni acuchilla tanto
como aquí fuera.

GOLPES de aliento.

Se agota el aire.

Tras la ventana
presionas la cuerda de la ansiedad
llegan las lágrimas.

No antes ni después.


Sombras
entrecortadas.

Todo se detiene en esta ciudad de ciegos residuos.

Pasamos por delante de la vida
como un aire que cambia
en el espacio del mundo
nos vamos disolviendo
abandonamos el nombre
como un juguete roto
y penetramos
en la sombra del tiempo
como acorde final
en esta vaga música.

DE cuando en cuando veo
cómo conduce ágiles sus pasos
siempre por la misma senda.

Camina con el sol a la espalda
la sombra se alarga delante de sus pies
como una compañera infatigable.

Entonces se detiene
y parece observarlo todo.

Qué rondará su cabeza
asuntos triviales
—seguro—
intentará no pensar
—también—
contemplará cómo son hoy las nubes
—es probable—
en todo y en nada a la vez
—posiblemente—

La sigo muy de cerca
no sé si ella a mí
o yo a ella.

Cuando no hay palabras
cuando la historia ocurre dentro
se abre el pánico
los ojos mirando fijos en el rostro que nunca veo
el silencio que silba en los oídos
de nuevo el pánico
otra vez la caída
el cansancio
el dolor —dentro—
el esfuerzo por sobrevivir
elegir quedarse
asumir la trayectoria oblicua
desbrozar de recuerdos la memoria
desprender la culpa.


No me sueltes
dime algo
para seguir aquí
para quedarme
para aguantar
para borrar la historia.

DESDE el lado más oscuro
a la deriva de tu identidad
por qué
no inventarte sombra
que me lleve
a un día claro
a la búsqueda de certezas
a ese lugar
donde ni escuchas ni oyes
y sola va y viene la música
en un silencio escondido
que vaga
no se pierde


y al fin despierta arriba
en
la
luz.

DISTANCIAS azules
y en los pliegues del aire
palabras abandonadas
cubren la ciudad
memoria alada
que sobre ti se cierne
entre sombras.

*Solo*             *la música*
*nos salva*
*de los extraños mapas de la noche.*

Yo misma

## AGRADECIMIENTOS

A mis amigos poetas del grupo ReVerso: María José Bas, Mónica Fernández, Pilar Candau, María García, Sara Nieto y Fernando Guadarrama, por su ayuda sincera y entusiasmo.

A mis maestros, poetas grandísimos a los que admiro, Luis Luna, Miguel Ángel Feria y Miguel Ángel Curiel.

A Víctor M. Diez, que generosamente leyó el libro y que con su sensibilidad y saber me dio sabios consejos.

A Ignacio Fernández, siempre.

A Héctor Escobar, que confía en mi escritura y me publica.

A María Jesús, mi hermana queridísima, ella y Ángel me acercaron a la poesía.

A Paco, Javi y Álvaro, que me escuchan y leen con amor.

A mi madre, Sabina. Todo lo que escribo es un íntimo homenaje a su memoria.

# ÍNDICE

Colección

AURA

Primera edición:
marzo de 2025


© Beatriz García Fernández, 2025

© de esta edición: Eolas ediciones

**www.eolasediciones.es**

Dirección editorial: Héctor Escobar
Diseño y maquetación: Alberto R. Torices
Fotografía de solapa: Javier Casares

ISBN: 978-84-16613-61-8
Depósito Legal: LE 129-2025

www.conlicencia.com · 91 702 19 70 / 93 272 04 47

Impreso en España

Esta edición de
*Cantos del abandono*
se imprimió en 2025 y en marzo
cuando todo es un comienzo de flores a cada paso.

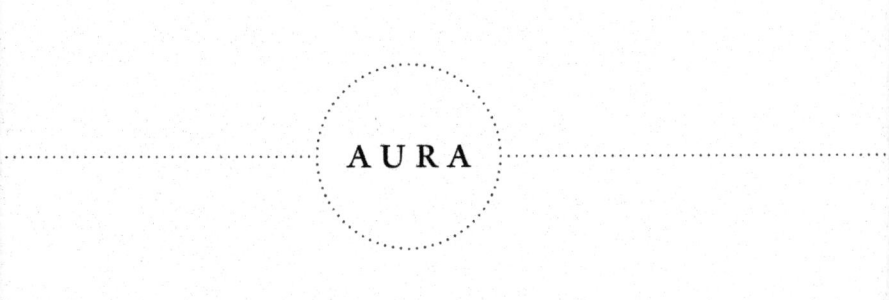

AURA